Lesebuch

# Das Buchstabenschloss

Lesen- und Schreibenlernen
im ersten Schuljahr

Marianne Frey-Kocher
Heidi Hofstetter-Sprunger
Annemarie Klinger-Schorr
Kurt Meiers

Herausgeber
Kurt Meiers

Illustrationen und Gestaltung
Evi Juon

Klett und Balmer Verlag Zug

Oo
Tt

**Ii**

**Mm**

Wir haben schon das I geschrieben,
das kerzengrade, dünne I.
Wollt ihr wissen, wie das geht?
Seht!

Lili ___ im ((( .
Oli ● mit Timi.

«Guete Tag, Lili»        «Guten Morgen, Timi»

«Buon giorno, Maria»        «Bonjour, René»

Ll

«Günaydın, Ali»

«Buenos días, Pepe»        «Good morning, Sarah»

«Bun di, Ursina»

# Ali malt

**Aa**

Ali probiert alle Farben
in seinem Malkasten aus.
Er malt viele Bilder.
Er malt auch einen Regenbogen.
Mit roter Farbe fängt er an,
dann nimmt er orange, dann gelb,
dann grün, dann blau und zuletzt
violett.

9

Sami isst Salat.
Lili isst  mit .

Sissi isst Salami.
Tomi  Most.

Am liebsten
trink' ich Apfelsaft,
eiskalten,
goldig hellen.
Warum will meine Tante mir
nur warmen Tee bestellen?
Am liebsten
ess' ich Chips und Fisch,
so knusprig
goldig hellen.
Warum will meine Tante mir
nur Birchermus bestellen?
Ich bin doch kerngesund,
und ihr tut alles weh
trotz Birchermus und Tee!

Rita Peter

**Ss**

Dorothea kriegte gestern
einen Fotoapparat.
Und nun knipst sie unermüdlich
Hochformat und Querformat.
Dorothea hat Geschick:
Klick!

James Krüss

**Ff**

Tills Esel liest Esel.
Tills Esel liest alle elf Esel.

Lesen Esel Esel?

## Wie Till Eulenspiegel
## einen Esel lesen lehrte

Till Eulenspiegel legte
ein dickes Buch vor den Esel.
Zwischen die Seiten des Buches
streute er etwas Hafer.
Der Esel blätterte Blatt für Blatt
mit der Zunge um und leckte
den Hafer gierig auf.
Als der Esel aber keinen Hafer
mehr fand, rief er laut: «I-a, i-a!»
Alle Leute staunten über den
klugen Esel von Till Eulenspiegel,
der so schnell zwei Buchstaben
gelernt hatte.

**Ee**

## Till Eulenspiegel als Schneider

Eines Tages kam Till Eulenspiegel
zu einem Schneider.
Der Schneider sagte:
«Wenn du bei mir nähen willst,
dann musst du so nähen,
dass man es nicht sieht.»
Till Eulenspiegel kroch unter den Tisch
und begann zu nähen.
Der Schneider sah das und fragte:
«Warum nähst du unter dem Tisch?»
Till Eulenspiegel antwortete:
«Ich soll doch so nähen,
dass man es nicht sieht!»

**Nn**

An Maria ist alles nass.
Nase, Arme, Mantel.
O Maria.

Ist an Maria alles nass?

**Rr**

Alles wird im Regen nass:
Autos, Häuser, Kinder, Gras,
Bänke, Bäume, Blumen, Pferde,
Sand und Steine auf der Erde.

Auch der Rabe wird ganz nass,
doch es macht ihm keinen Spass.
Könnt' er in der Stube hocken,
bliebe er wie Timi trocken.

Eier
Eier
Eier
Eier
Eier
Eier

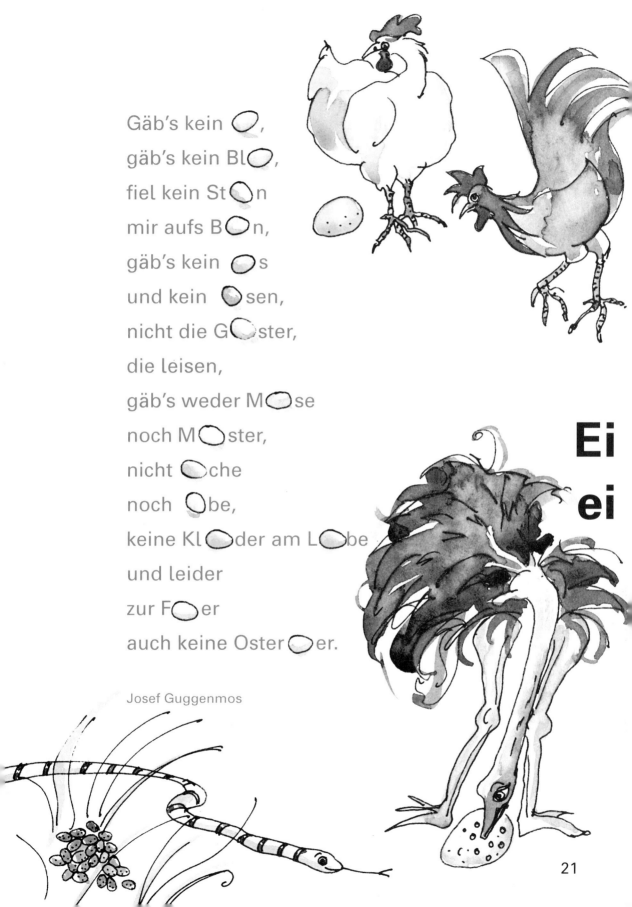

Gäb's kein ⬭,

gäb's kein Bl⬭,

fiel kein St⬭n

mir aufs B⬭n,

gäb's kein ⬭s

und kein ⬭sen,

nicht die G⬭ster,

die leisen,

gäb's weder M⬭se

noch M⬭ster,

nicht ⬭che

noch ⬭be,

keine Kl⬭der am L⬭be

und leider

zur F⬭er

auch keine Oster⬭er.

Josef Guggenmos

**Ei**

**ei**

21

## Im Turm

Ritter Rotfuss
ist im Turm.
Ritter Rostfuss
ist im Turm.
Ritter Eisenfuss
ist im Turm.
Sie turnen.

Ritter Rotfuss turnt
in einem roten Mantel.
Ritter Rostfuss turnt
in einer alten Uniform.
Ritter Eisenfuss turnt
in seiner Eisen.
Sie turnen an einem Seil.

Eine Ratte ist im Turm.
Sie frisst am Seil.
Unten ruft ein Monster:
uuuu - iiii - uiuiuiui!

So ein Unsinn!

**U, u**

# Uu

Um acht Uhr wird der Uhu wach,
um neun Uhr sitzt er auf dem Dach,
um zehn Uhr fliegt er um das Haus,
um elf Uhr schreit er: «Lichter aus!»
Um zwölf Uhr hockt er auf dem Tor,
um ein Uhr putzt er sich das Ohr,
um zwei Uhr kreist er um den Turm,
um drei Uhr frisst er einen Wurm,
um vier Uhr trinkt er Tau vom Gras,
um fünf Uhr macht ihm nichts mehr Spass,
um sechs Uhr fliegt er heim ins Nest
und schläft um sieben tief und fest.

Ursula Wölfel

Ist das alles rund? Das Rad, die Tasse, der Teller, der Turm, das O, die Torte, der Mond, die Dose, das Ei, die Erde, die Sonne, ...

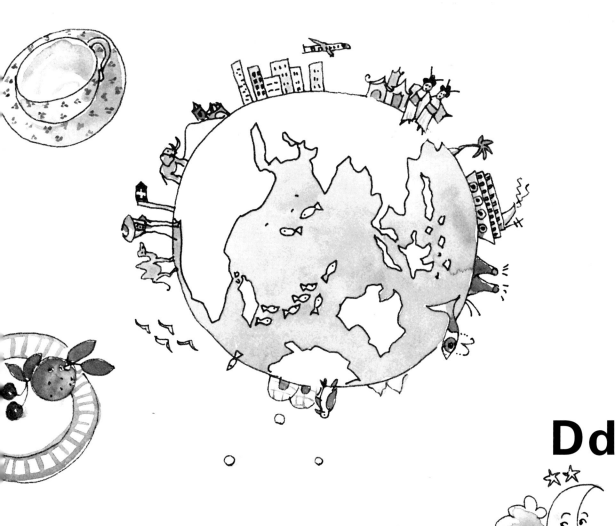

**Dd**

Daniela steht oft am Globus.
«Das ist unsere Erde», hat Grossvater gesagt.
Sie ist rund wie der Mond.
Grossvater hat Daniela auch die Schweiz gezeigt.
Sie ist ganz klein.
Daniela kann sie fast nicht finden.
Aber Amerika ist gross, und das Meer
ist noch grösser.
Eines versteht Daniela nicht:
Wieso fallen die Menschen in Australien
nicht von der Erde herunter?
Ich muss mal Grossvater fragen, denkt sie.

**Weisst du die Antwort?**

Wann sind Eier in den nestern?

Wann werden Melonen und Tomaten reif?

Wann sammelt man im Wald und ?

Wann ist Ostern?

Wann isst du Marroni?

Wann reisen die meisten ans Meer?

Wann wird die Luft wieder warm?

Wann sind die da?

Wann flattern die Falter?

Wann fallen die ?

Weiss die Tulpe, dass sie Tulpe heisst?
Weiss der Storch, dass er nach Afrika reist?
Kennt die Birne ihren Duft?
Weiss der Kuckuck, was er ruft?

Fragen, Fragen, nichts als Fragen.
Wer kann mir die Antwort sagen?

**Ww**

27

# Timi träumt

Timi ist faul. Er ist auf dem Sofa.
Er träumt. Timi träumt drei Träume.

Timi träumt.
Eine Riesenmaus rast im Auto
auf Timi los.
Timi saust auf eine Mauer.
Er miaut laut.

Timi träumt.
Er reist mit seinem Auto ans Meer,
mit seinem roten Rennauto.
Timi ist allein.
Er saust drauflos.
Auf einmal ...

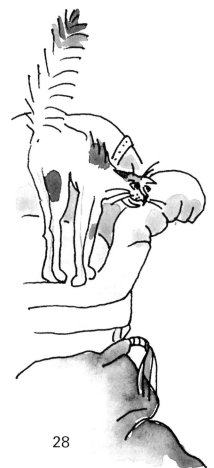

Timi träumt.
Er ist im tiefen Wald.
Auf einmal sind da
tausend Mäuse.
Es sind Waldmäuse
und Feldmäuse.
Es wimmelt nur so.
Sie wollen Timi fressen.

Timi miaut laut.

**Au**
**au**
**Äu**
**äu**

### Ich hatte einen Traum

Ich hatte einen Traum,
einen wunderbaren Traum
von einem wunderschönen Baum.
Drauf sass ein kleines Tier,
ein weisses, weiches Tier,
das träumte

von mir ...

Martin Auer

29

# Am Kiosk

| | |
|---|---|
| Karin: | Da sind Karten mit Fotos darauf ... |
| Niki: | ... und Marken. |
| Karin: | Und da ... Eistee und Kakaodrink ... |
| Niki: | ... und in dem Karton sind Wundereier, Kinder-Wundereier. |
| Karin: | Was ist in den Wundereiern drin? |
| Niki: | Ein kleines Auto oder ein dicker Dino oder eine alte Loki. |
| Karin: | Du, Niki! Ein Raketen-Eis! Willst du das? |
| Niki: | Was kostet denn das Raketen-Eis? |
| Kioskfrau: | Einen Franken. |
| Karin: | Willst du nun ein Raketen-Eis, oder was willst du? |
| Niki: | Was kann man mit einem Franken alles kaufen? |

Kk
ck
nk

31

## Backen

| | |
|---|---|
| Bruno: | Mmm! Wie das duftet!<br>Was ist da im Backofen? |
| Beni: | Wir backen Brot ... |
| Beate: | ... und Biber. |
| Bruno: | Wie bitte?<br>Biber sind aber Tiere!<br>Kann man Tiere backen? |
| Beate: | Unsere Biber kann man backen. |
| Beni: | Da kannst du lesen,<br>dass man Biber backen kann. |

**Bb**

# Beim Tierdoktor

Der Rabe ist der Doktor der Tiere.
Er weiss fast immer, was den Tieren fehlt.

Lieber Hahn, du hast Halsweh;
dein Kikeriki ist so heiser.

Liebe Kuh, du hast Husten;
dein Hals ist innen rot,
und deine Mandeln sind sehr dick.

Lieber Hund, du hast die Masern;
du hast weisse Flecken in deinem Mund.

Liebes Huhn, du hast Nesselfieber;
deine Eier haben so rote Flecken.

## Hh

Liebe Maus, was fehlt denn dir?
«In meinen beiden Ohren, tief drin,
tut es sooooo weh!»

Der Rabe nimmt sein dickes Doktor
und liest und liest und liest.

Dann weiss er Rat.

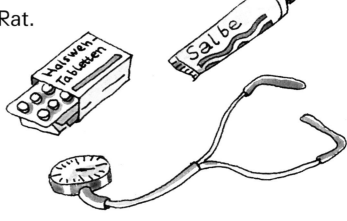

## Freunde

Kiki, die Maus,
ist Timis beste Freundin,
und Timi ist Kikis bester Freund.
Die Eule aber ist Kikis Feindin.
Sie will Kiki fressen.
Timi ruft: «Hallo Eule!
Warum willst du
meine Freundin fressen?
Wir wollen lieber
alle drei Freunde sein.
Was meinst du, Eule?»

**Eu**

**eu**

ZUM
KINDER
ZOO →

ZIRKUS
ZANELLA

# Attraktionen
## und
## Sensationen

## in Zernez!

Es treten auf:

Zebus aus Zentralasien

Zehn zahme Wildkatzen

Zora mit den tanzenden Zebras

Zita, die Frau, die auf dem Seil tanzt, (ohne Netz!)

Moritz, der Zauberer mit den Zebrafinken
und weitere Tiere und Artisten

Am Mikrofon: Direktor Franz Zanella

Eintritt: Kinder 10 Franken    Erw. 20 Franken

Zeno

**Zz**
**tz**

# Wenn Oli, Lili, Maria und Tomi zaubern könnten ...

Oli wäre ein Bär,
aber kein böser Bär.
Er würde nur laut brummen,
wenn ihm einer zu nahe kommt.

Lili wäre eine Astronautin.
Dann könnte sie mit einer Rakete
ins Weltall sausen
und sähe die Erde weit entfernt.

Maria will ein Kätzlein sein
wie Timi, aber ein buntes –
eines mit roten Tätzlein,
mit lila Öhrlein und mit
blauen Härlein.

**Ää**

**Öö**

**Üü**

Tomi will lieber ein Seeräuber sein.
Er würde eine einsame Insel entdecken.
Dort würde er wie Robinson leben.

Chur, Mittwoch, 3. Mai

Liebe Cornelia, lieber Claudio

In den Sommerferien

wollen wir eine weite Reise machen:

Wir fahren mit dem Wohnmobil ins Ausland,

nach Cannes ans Mittelmeer.

Mein Bruder Curdin will sein Cello mitnehmen.

Da kann ich nur lachen.

Er möchte nicht ans Meer fahren.

Er möchte lieber in einem Häuschen

im Tessin Ferien machen.

Ich will aber ans Meer und unser Hund auch.

Wohin fahrt Ihr?

♡ -lichst
Eure Cousine Catrina

## Pandas

Patrizia und Philipp sehen im Fernsehen
einen Film über Pandas. Sie erfahren,
dass Pandas nur in China leben.
Sie hören auch, dass diese Tiere dort
sehr selten sind.

Mit den Pfoten pflücken Pandas im Wald
Knospen und rupfen Bambusblätter ab.
Um satt zu werden, müssen sie mehrere Kilos
dieser Pflanzen fressen. Wasser trinken sie
literweise. Bei uns können Pandas natürlich
nur im Zoo leben.

Pandas leben meistens allein.
Nur im Februar und März sind Männchen
und Weibchen für kurze Zeit zusammen.
Pandakinder sind sehr klein, blind
und ziemlich hilflos.
Die Pandamutter hat allerlei Pflichten.
Sie lehrt ihr Kind alles, was ein Panda
braucht.

Als der Film zu Ende ist, möchten Patrizia
und Philipp noch mehr über Pandas wissen.
Sie finden in der Bibliothek ein Panda-Buch.

**Pp**

**Pf**

**pf**

41

# Geburtstag

Gabi hat heute Geburtstag.
Sie freut sich auf ihr Geburtstagsfest
in der Klasse. Ein paar Kinder haben
am Geburtstagskalender gesehen,
dass Gabi heute Geburtstag hat.
Sie gratulieren ihr in der Garderobe.

Im Klassenzimmer setzen sich alle
mit ihren Kissen in einen Kreis.
Die Blumen in der Mitte des Kreises
sind für das Geburtstagskind Gabi.
Die Lehrerin zündet die Geburtstagskerze an.
Alle singen für Gabi das Geburtstagslied.
Dann gehen die Kinder an ihren Platz.

Dort malen alle ein Bild für Gabi.
Gabi malt das Titelblatt. Sie malt mit
grossen bunten Buchstaben:

Mein Geburtstagsbuch.

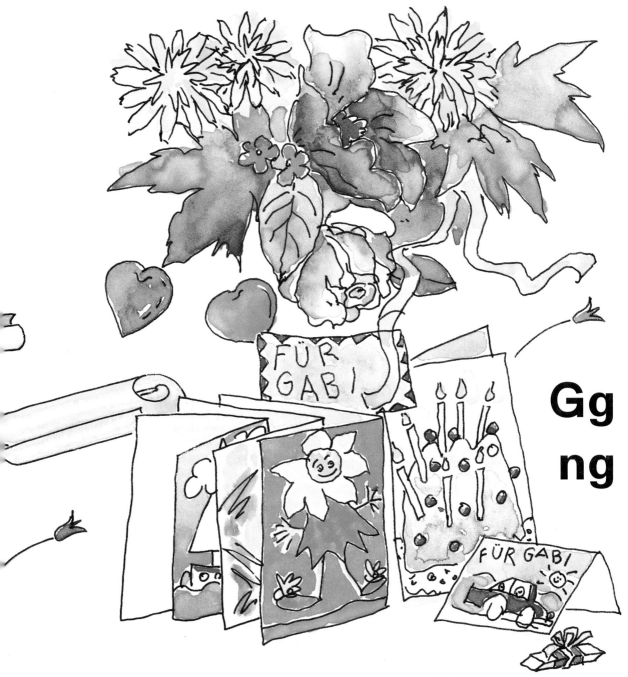

**Gg**

**ng**

Wer sein Bild fertig hat, bringt es Gabi.
Die Lehrerin hilft ihr, die Blätter
zu einem Buch zusammenzubinden.
Gabi freut sich sehr.

# Schwimm, Schwan, schwimm

Schwan, weiss wie Schnee,
schwimm über den See!
Schwimm, schwimm, Schwan!
Schwimm zu uns heran!

Schwan, schwimm, schwimm!
Schwimm, Schwan, schwimm!
Schwimm, schwimm, Schwan!
Da kommt er bei uns an!

Josef Guggenmos

**Sch**

**sch**

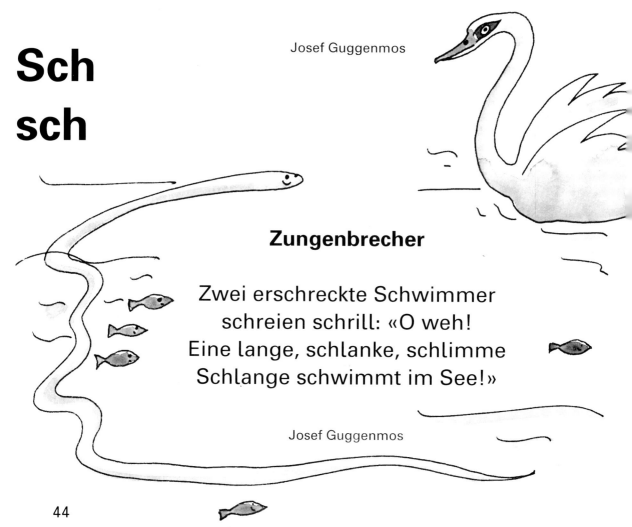

## Zungenbrecher

Zwei erschreckte Schwimmer
schreien schrill: «O weh!
Eine lange, schlanke, schlimme
Schlange schwimmt im See!»

Josef Guggenmos

# Ein Gedicht in Geheimsprache

Halte einen kleinen Taschenspiegel neben die Schrift, und du wirst lesen können, was da steht.

**Sp**

**sp**

**St**

**st**

Wenn ein Igel
stachelgespickt
in den Spiegel
blickt,
spiegelt der Spiegel
einen Igel.

Wenn der Spiegel
aber
in sieben Stücke zerbricht –
bricht dann der Spiegeligel
auch in sieben Stücke,
oder
spiegelt der Igelspiegel
sieben Igel?

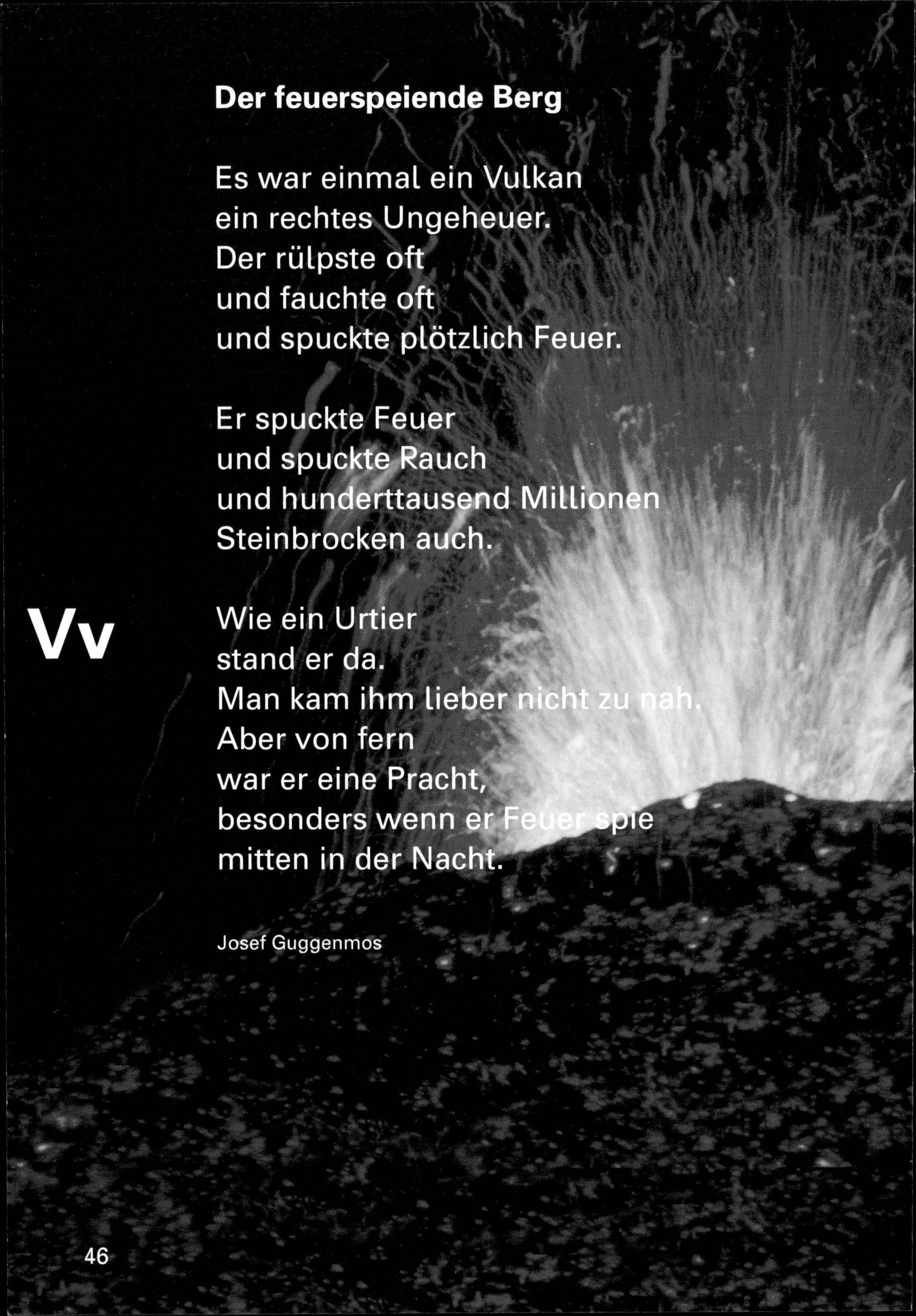

## Der feuerspeiende Berg

Es war einmal ein Vulkan
ein rechtes Ungeheuer.
Der rülpste oft
und fauchte oft
und spuckte plötzlich Feuer.

Er spuckte Feuer
und spuckte Rauch
und hunderttausend Millionen
Steinbrocken auch.

**Vv**

Wie ein Urtier
stand er da.
Man kam ihm lieber nicht zu nah.
Aber von fern
war er eine Pracht,
besonders wenn er Feuer spie
mitten in der Nacht.

Josef Guggenmos

Jaguar und

Jaguar und Neinguar,
die trafen einen Biber.
Der lag vor seiner Wasserburg
und hatte hohes Fieber.

Der Biber sprach: «Ach, kommt herein,
ihr seid mir liebe Gäste.
Seit Tagen bin ich so allein,
ich feiere gerne Feste!»

Der Neinguar sprach: «Nein!
Dein Haus ist mir zu klein.»
Der Jaguar sprach: «Ja!»
Und blieb recht lange da.

nach Paul Maar

**Jj**

Neinguar

# X Y und Qu

X und Y, die meinen:
Wir können hier in diesem Buch
auch ohne Bild erscheinen.
Wir sind alleine schön genug!

Auch das Qu hält sich für schön
und möchte hier nicht fehlen.
Es möchte auch alleine stehen
und ohne Bild von sich erzählen.

Das X erzählt:

Mit Trixi, Max und Xenia
musizier' ich gern.
Wir reisen bis Amerika
und manchmal nach Luzern.

Ich spiele auf dem Xylofon,
Max und Trixi singen,
Xenia spielt Saxofon,
wenn wir ein Ständchen bringen.

Das Qu erzählt:

Ich, Quoribundum Quaderbein,
traf mich in St. Gallen
zum Klatsch bei einem Gläschen Wein
mit lauter Quabbelquallen.

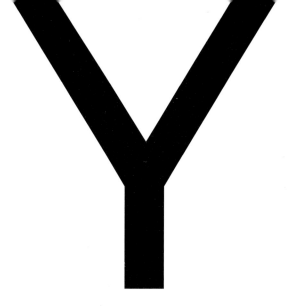

**Das Y erzählt:**

Nach Ceylon bin ich schon gereist,
nach York und Yokohama.
Die Pyramide, wie sie heisst,
bestieg ich im Pyjama!

Doch lieber spiele ich zu Haus'
Yo-Yo mit meinem Söhnchen.
Ich fahr' mein Baby täglich aus
und nenn' es Ypsilönchen.

nach Max Huwyler

**Xx**

**Qu**

**qu**

**Yy**

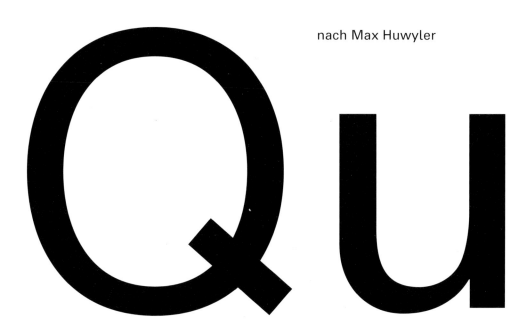

## Das Buchstabenfest

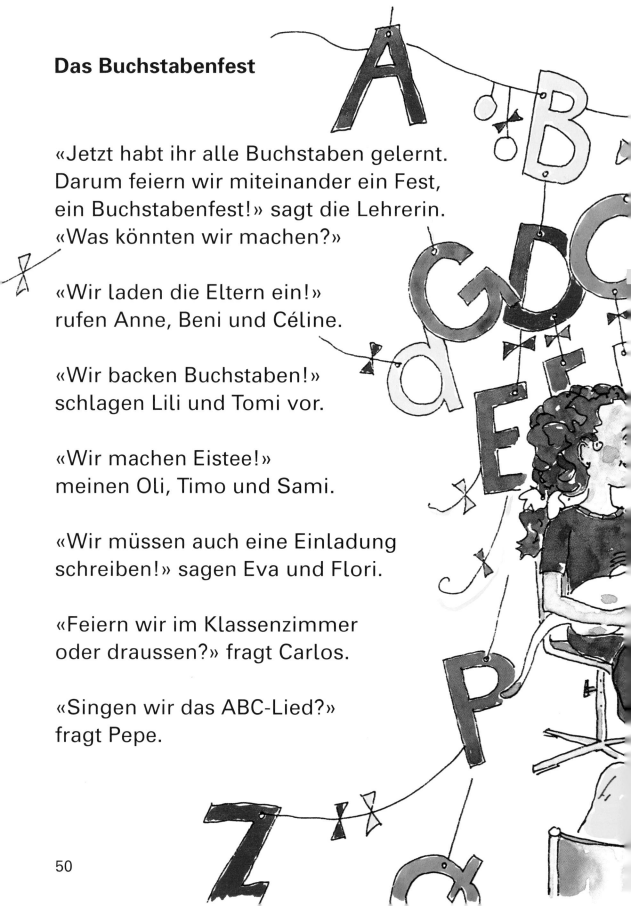

«Jetzt habt ihr alle Buchstaben gelernt.
Darum feiern wir miteinander ein Fest,
ein Buchstabenfest!» sagt die Lehrerin.
«Was könnten wir machen?»

«Wir laden die Eltern ein!»
rufen Anne, Beni und Céline.

«Wir backen Buchstaben!»
schlagen Lili und Tomi vor.

«Wir machen Eistee!»
meinen Oli, Timo und Sami.

«Wir müssen auch eine Einladung
schreiben!» sagen Eva und Flori.

«Feiern wir im Klassenzimmer
oder draussen?» fragt Carlos.

«Singen wir das ABC-Lied?»
fragt Pepe.

Die Kinder machen noch viele Vorschläge.
Die Lehrerin schreibt sie alle auf.

UNSER Buchsta...

Programm

Buchstabengeschichte

Buchstabenlieder

Buchstabenkauen

Buchstabenpuzzle

Buchstabenrätsel   B u c h s t

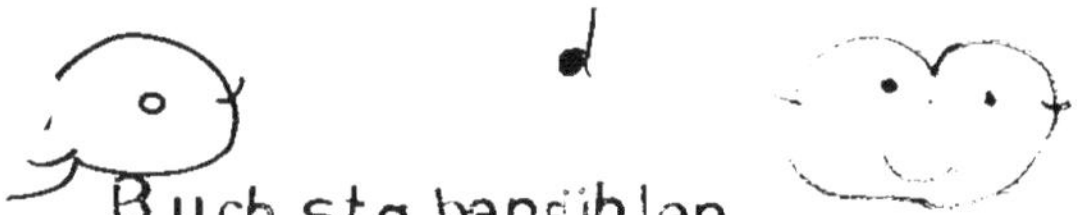

Buchstabenfühlen

Buch stabenmemory   A B C

und zum Schluss:

Buchstabensuppe

Buchstabenguetsli

Getränke

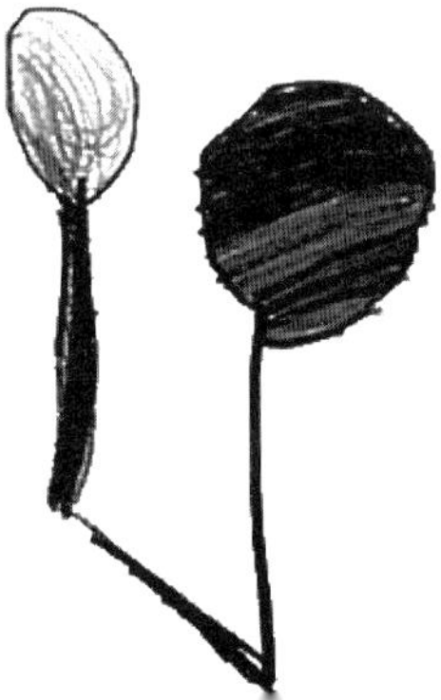

Grosse Überraschung

Einladung

NEU   J

zum

Buchstabenfest

AFFE

Aa

## ABC

Volkstümlich

A B C D  E F G  H I J K  L M N O P

Q R S T  U V W
X Yp-si-lon  Z, juch-he!

Das ist das ganze  A B C!  Das ist das ganze  A B C!

Teig für Buchstaben - Guetsli

250 g  weiche Butter
200 g  Zucker
3  Eier
Wenig  Zitronenschale,
  abgerieben
500 g  Mehl

Alle Zutaten zusammenfügen
Teig zugedeckt an der Kälte
ruhen lassen

Teig 5 mm dick auswallen
Buchstaben ausstechen

Wenig Eigelb verklopfen
Buchstaben bestreichen

Backen: Ofenmitte 200°C
  10 - 15 Min.

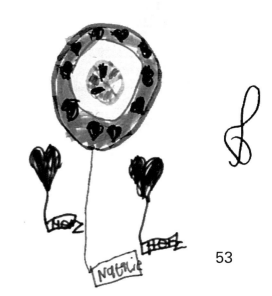

# Rätselreime

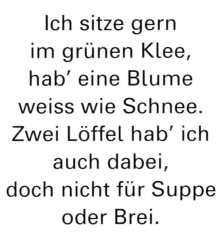

Ich sitze gern
im grünen Klee,
hab' eine Blume
weiss wie Schnee.
Zwei Löffel hab' ich
auch dabei,
doch nicht für Suppe
oder Brei.

Loch an Loch – ich halte doch!

Ich habe sieben Häute
und beisse alle Leute.

Ich bin gross und glühend heiss,
steige morgens übers Dach,
guck' bei dir zum Fenster rein,
na, bist du schon wach?

Wenn du mich siehst,
siehst du nichts.
Wer bin ich?

Fall' ich vom Himmel,
tut's mir nicht weh,
bin weiss und kalt,
man nennt mich ...

Wer ist im Wald
der kleine Mann,
der nur auf einem Bein
stehen kann?
Trägt einen schönen grossen Hut,
mal ist er giftig
und mal gut.

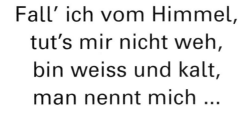

Es trippelt ums Haus.
Es klopft ans Fenster.
Es trommelt aufs Dach.
Es kommt nicht herein.
Wer mag das sein?

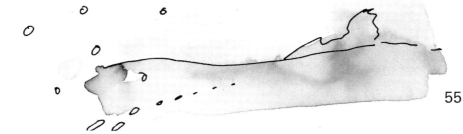

## Dein kleiner Drache

Du kannst dir selbst einen kleinen Drachen
bauen, mit dem du auch spielen kannst.

**Du brauchst:**

eine Zündholzschachtelhülle

eine Wäscheklammer

eine Schere

einen Klebestift oder Klebstoff

eine Vorlage, die dir deine Lehrerin
oder dein Lehrer gibt.

## So baust du deinen kleinen Drachen:

1. Male alle Teile an
   und schneide sie aus.

2. Klebe die Zündholzschachtelhülle
   auf die Rückseite des Körpers.

3. Klebe die beiden Maulteile
   an der Wäscheklammer fest.

4. Wenn der Klebstoff trocken ist,
   kannst du die Wäscheklammer
   mit dem Maul in die
   Zündholzschachtelhülle
   schieben.

5. Jetzt ist dein Drache fertig.
   Wenn du auf die Wäscheklammer
   drückst, öffnet er sein Maul.
   Beim Spielen kannst du ihn
   sprechen und fauchen lassen.

Viel Spass!

# Mein Lieblingstier

Das Meerschweinchen
ist mein Lieblingstier,
weil es ein so
weiches Fell hat.

Gürkan

Ich habe den Papagei
als Lieblingstier.
Er ist so schön farbig
und kann schwatzen.

Merlinda

Ich habe das Eichhörnchen
am Liebsten,
weil es so herzig ist.

Christian

Mein Lieblingstier
ist mein Teddybär.
Er schläft mit mir im Bett.

Emmanuel + Natalie

Am Liebsten habe ich
den Boxerhund Gipsy
von meinem Götti.

Fabian

# Ein besonderes Tagebuch

Wir machen ein ganz besonderes
Tagebuch in unserer Klasse.
Jeden Tag malt ein Kind auf ein Blatt,
was es an diesem Tag erlebt
oder gemacht hat.
Wir können auch etwas dazu schreiben.
Das Blatt vom Abreisskalender
kleben wir immer darauf.

Heute bin ich dran.

Juni/Juin

**15**

Samstag/Samedi

Vitus, Jolanda, Veit
Modeste, Yolande, Germaine
W/S.24 ⊛15.28 ↓21.25 167-199

Janine

Ich habe ein kleines
Kaninchen bekommen
es ist erst 9 Wochen alt
und es ist sehr härzig.

Morgen zeige ich
den Kindern mein Blatt.
Dann hänge ich es
neben die anderen Blätter.

Nach einer Woche
hängen wir alle Blätter
an zwei Winkelhaken
übereinander.

So entsteht unser
Tagebuch.
Es wird von Woche
zu Woche dicker.
Der Abreisskalender
wird immer dünner.

Am Abreisskalender
sehen wir,
wie das Jahr vergeht.
An unserem Tagebuch
sehen wir,
was wir im Jahr erlebt
und gemacht haben.

## Kennst du das Schnurtelefon?

Du kannst dir selbst ein Schnurtelefon bauen
und mit deinen Freundinnen und Freunden
telefonieren.

Du brauchst:        zwei Joghurtbecher

                        zwei Büroklammern

                        eine dünne, lange Schnur
                        (20 Meter)

                        einen Nagel
                        oder eine Schere

So baust du das Schnurtelefon:

1. Bohre mit dem Nagel oder
   mit der Schere ein kleines Loch
   in die Mitte des Bodens
   von jedem Joghurtbecher.

2. Führe die Enden der Schnur
   durch die Löcher.
   Verknüpfe die Schnurenden
   mit einer Büroklammer.

3. Jetzt ist das Schnurtelefon fertig.
   Wenn die Schnur zwischen euch
   ganz gespannt ist, könnt ihr
   telefonieren:
   Sprich in einen der Becher hinein,
   und deine Freundin oder dein Freund
   hört durch den anderen Becher,
   was du sagst.

## Nina und der Sauhaufen

Die Mutter trägt frisch gewaschene
Wäsche in Ninas Zimmer.
Als sie herauskommt, hat sie
ihr Gewittergesicht aufgesetzt.
«Nina!» ruft sie. «Räum' sofort auf
da drin. So ein Sauhaufen!»

Nina geht in ihr Zimmer.

Die Puppen liegen auf dem Teppich.
Die schauen den Stofftieren zu.

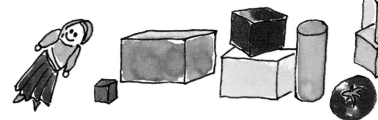

Die Bausteine liegen auf dem Teppich.
Die sollen ein Turm werden.

Die Bilderbücher liegen auf dem Teppich.
Die will Nina anschauen.

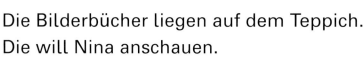

Die Autos liegen auf dem Teppich.
Die parken da.

Ein blau-weisser Ringelsocken
liegt auf dem Teppich.
Der ist eine Schlange.

Papierschnipsel liegen auf dem Teppich.
Die sind das Futter für die Schlange.

«Ich seh' keinen Sauhaufen!»
ruft Nina in die Küche.

Renate Welsh

## Nach der Schule

Pedro und Marita
kommen aus der Schule.
Es ist Donnerstag.
Heute sind sie allein zu Hause.
Mama arbeitet an der Kasse
im Warenhaus.
Papa arbeitet bis 17 Uhr
in der Autowerkstatt.
Pedro und Marita gehen
einkaufen.
Dann bereiten sie
das Nachtessen vor.

## Am nächsten Morgen

«Was habt ihr gestern
nach der Schule gemacht?»
fragt die Lehrerin.

Sami: «Ich war bei Sven.
Wir haben unsere ferngesteuerten
Autos fahren lassen.»

Bilal: «Beat war bei mir zu Hause.
Wir haben die Quiz-Sendung
angeschaut.»

Viele Kinder rufen: «Ich auch!»

Pedro: «Ich habe mit meiner
Schwester eingekauft und
das Nachtessen vorbereitet.»

Tamara: «Ich habe am Computer
gespielt. Später habe ich den
Hamsterkäfig sauber gemacht.»

Anna: «Ich habe auf meinen
kleinen Bruder aufgepasst.
Dann habe ich noch mit Ergül
im Garten gespielt.»

«Und was werdet ihr heute
nach der Schule machen?»
fragt die Lehrerin.

## Noch nicht gross,
## nicht mehr klein

Gross sein
ist schön.
Es gibt hundert Sachen,
die dürfen die Grossen machen.

Klein sein
ist schön.
Es gibt hundert Sachen,
die dürfen die Kleinen machen.

Doch ich bin
zwischendrin.
Noch nicht gross,
nicht mehr klein.
Muss man lange
dazwischen sein?

Rita Peter

### Ich

Heute
haben mich meine Eltern
neu eingekleidet.
Neues Hemd.
Neuer Pulli.
Neue Jacke.
Neue Hose.
Neue Schuhe.

Meine Mutter
und die Verkäuferinnen
haben immer gesagt,
alles passe gut zusammen –
und zu mir.
Aber, wenn ich
die neuen Sachen trage,
ist mir ganz komisch.
Ich weiss gar nicht mehr,
ob ich noch ich bin.

Manfred Mai

## Klogedicht

Ich sitz' mit meinem kleinen Po
auf einem riesengrossen Klo
und fall' fast rein!

Mein Vater sagt: «Das ist halt so!»
und lacht.
«Er wächst ja noch, dein Po, sei froh!»
Ich find's gemein.

Wolfgang Rudelius

## Mein Name

Hurra, ich habe einen Namen,
wie alle Kinder, Herren, Damen,
wie jeder Stern am Himmelszelt
und alle Dinge auf der Welt.
Wär' das anders, wär' es schlimm.
Keiner wüsste, wer ich bin!

**Freche Verse**

Wenn Mutter meint, ich treib's zu toll,
dann nicke ich ganz sorgenvoll.
Sie ahnt nicht, dass ich heimlich sprech':
«Ich bin aber so gerne frech.»

Heute hab' ich mir geschworen:
Nie mehr wasch' ich meine Ohren,
auch den Hals nicht und den Po,
denn wer mich liebt, liebt mich auch so.

Wird's mir zu Hause mal zu dumm,
dann schnall' ich meinen Rucksack um
und wandre in den Garten aus,
und Mutter sitzt allein im Haus.

Angela Sommer-Bodenburg

## Am Graben

Mark und David, Robin und der kleine Michi
kamen an einen Graben, der breit und tief war.
«Wir müssen umkehren», sagte der kleine Michi.

«Kommt nicht in Frage», sagte Mark.
Er nahm Anlauf, sprang und war schon drüben.
Dann sprang Robin und dann David.
«Spring doch!» riefen die drei von drüben.

Der kleine Michi aber traute sich nicht.
«Wie ein Frosch siehst du aus!»
verspottete ihn Robin. Er hat recht,
ich bin ein Frosch, dachte der kleine Michi.

Mark sagte: «Ich nehme dich auf den Rücken
und springe noch einmal.»
Dann fallen wir beide in den Graben,
dachte der kleine Michi.

Da sagte David: «Wenn der Graben nicht ganz
so breit wäre, kämst du dann hinüber?»
«Dann schon!» sagte der kleine Michi.

David stellte einen Fuss an den Grabenrand,
streckte Michi eine Hand entgegen und sagte:
«Hier, meine Hand ist der Rand!»

Der kleine Michi schaute nur auf die Hand von David.
Er dachte: Die ist ja gar nicht so weit weg.
Er nahm Anlauf, und schon war er drüben.
David sagte: «Na, siehst du!
Meine Hand hast du nicht mal gebraucht.»
Und alle vier liefen weiter.

Hans Baumann

# Im Märchenwald

Die Fliegenpilze sind Ruheplätze.
Da musst du einmal aussetzen –
ausser du findest heraus, zu welchen
Märchen die Rätselbilder gehören.
Dann bist du erlöst und darfst
noch einmal würfeln.

Hast du erraten,
zu welchen Märchen die Rätselbilder gehören?
Diese Sprüche helfen dir sicher weiter.

### 1
«Ei, Grossmutter,
was hast du für grosse Ohren!»
Rotkäppchen

### 2
«Sieben auf einen Streich!»
Das tapfere Schneiderlein

### 3
«Was rumpelt und pumpelt
in meinem Bauch?»
Der Wolf und die sieben Geisslein

### 4
«Kikeriki,
unsere goldene Jungfrau
ist wieder hier.»
Frau Holle

### 5
«Knusper, knusper, knäuschen,
wer knuspert
an meinem Häuschen?»
Hänsel und Gretel

### 6
«Was macht mein Kind?
Was macht mein Reh?»
Brüderchen und Schwesterchen

### 7
«Spieglein, Spieglein an der Wand,
wer ist die Schönste im ganzen
Land?»
Schneewittchen

### 8
«Heute back' ich,
morgen brau' ich,
übermorgen
hol' ich der Königin ihr Kind;
ach, wie gut, dass niemand weiss,
dass ich Rumpelstilzchen heiss'!»
Rumpelstilzchen

### 9
«Ich bin so satt,
ich mag kein Blatt.
Mäh! Mäh!»
Tischlein deck' dich

### 10
«Rapunzel, Rapunzel,
lass' mir dein Haar herunter!»
Rapunzel

### 11
«Die guten ins Töpfchen,
die schlechten ins Kröpfchen.»
Aschenputtel

## Streichholz und Kerze

Ein Streichholz sagt zur Kerze:
«Ich habe den Auftrag, dich anzuzünden.»

Die Kerze wehrt sich:
«Bitte, lass' mich in Ruhe. Siehst du denn nicht,
wie schön ich bin?»

«Noch schöner bist du, wenn du brennst.»

«Brennen tut bestimmt weh», meint die Kerze.

«Aber es ist deine Aufgabe, zu brennen.
Meine Aufgabe ist es, dich anzuzünden.»

Die Kerze erschrickt.
«Was bleibt von mir, wenn ich verbrannt bin ...?»

«Du hast Licht gespendet
und deine Wärme verschenkt.»

nach Max Bolliger

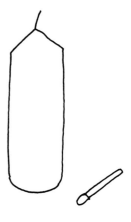

## Was bringt der Frühling?

Der Frühling bringt Blumen,
wie auf der geblümten Keksdose von Mama.
Im Frühling kommen Schmetterlinge,
wie auf meiner Milchzahndose.
Im Frühling kommt die Sonne auch
mit ihrer gelben Farbe.
Sie ist so gelb wie Papas Lederjacke.
Der Frühling bringt den Frühlingsmarkt.
Dort kann man Broschen, herrliche Pfauenfedern
und gestrickte Gockel kaufen.
Das finde ich schön.
Mama und Papa finden das Tennisspielen
im Frühling schön.
So findet jeder etwas im Frühling schön!

Laura Küffer, 1. Klasse

# Apfelbäume

An der Strasse stehen Apfelbäume,
in den Bäumen hängen rote Äpfel,
und in jedem Apfel
ist ein kleines Haus,
und in jedem Apfelhäuschen
sind fünf Zimmer,
und in jedem Apfelzimmer
liegt ein blanker brauner Kern,
und in jedem Apfelkern
schläft ein winzig kleiner
neuer Apfelbaum.

Glaubst du das nicht?
Dann halte einen Apfel ans Ohr,
sei still, ganz still: Hörst du,
wie die neuen Bäume rauschen?

Ursula Wölfel

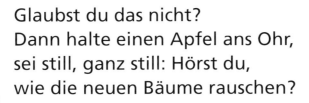

# Traumschiffli

Gerda Bächli

1. Ich lad dich i mis Schiff - li y, das faart im
2. S'faart ü - ber d'Ster - ne - fäl - der ie, det staat s'gross

Traum dur d'Nacht,_____ am gros - se Wul - che - tor ver-
Nä - bel - schaaf,_____ das git en Schupf eim öp - pe-

by, und jetz hät's hupps es Ränk - li gmacht, macht
die, ganz weich du gschpüürsch es chuum im Schlaaf, macht

nüüt!_____ Lass sy!_____ Ich lad dich i mis
nüüt!_____ Lass sy!_____ Jetz lan - det mir vor

Schiff - li y, das faart im Traum dur d'Nacht._____
eu - sem Huus und sty - ged wi - der uus._____

# In der Leseecke

Tomi und Oli lesen das neue Buch.

Dies ist das Haus Kirchstrasse 29a.
Es ist ein ganz gewöhnliches Haus,
das letzte in einer langen Reihe.

Vor dem Haus
liegt ein grosser Rasenplatz.
Auf der anderen Seite des Rasens
stehen hohe Bäume.
Es ist da noch ein Parkplatz,
aber den dürfen nur die Bewohner
eines anderen Wohnblocks benützen.

Die Fenster sind recht gross,
und zu jeder Wohnung gehört ein Balkon.
Der Hauseingang ist auf der Rückseite
des Wohnblocks.
Dort findest du auch die Briefkästen.

Im Haus 29a
wohnen ganz verschiedene Leute.

| | |
|---|---|
| Mirta und Otto Sollberger-Hess<br>Beat   Anton   Sabrina | ○ |
| Daniela Wyss<br>Hans Klopfenstein | ○ |
| Erich Lutz | ○ |
| Coiffeursalon<br>Cindy Keller | ○ |
| Theodor und Margrit<br>Häberli-Wälti | ○ |
| Elsa Zürcher<br>Klavierlehrerin | ○ |
| Erwin Weber<br>Hauswart | ○ |

# Der 7-Tage-Hund

Fräulein Zürcher hat es ganz genau
gesehen: Am späten Nachmittag,
etwa um fünf Uhr, hat ein Auto
auf dem Parkplatz angehalten.

Eine Frau ist ausgestiegen.
Sie hat einen kleinen Hund aus dem
Kofferraum gelassen und ihn
am Pfosten mit dem Parkverbot
festgebunden.

Danach ist sie ins Auto
gestiegen und davongefahren.

Der kleine Hund bleibt ruhig sitzen.

Um sieben Uhr
wartet der kleine Hund immer noch.
Um neun Uhr
fängt er leise an zu winseln.
Um zehn Uhr
heult er so laut, dass die Bewohner
des Hauses Kirchstrasse 29a
es alle hören.

Die Lichter gegen den Rasen hin
gehen an, eines nach dem andern.
Natürlich ist Hans vom 2. Stock
der erste.
Er läuft zum kleinen Hund
und bindet ihn los.
Sofort hört das Gejaule auf.
Das Tierchen hebt zuerst das Bein,
dann springt es an Hans hoch,
wedelt mit dem Schwanz
und folgt ihm.

Die andern Hausbewohner
sind unterdessen auch auf dem Rasen
angekommen.
«Das waren sicher Menschen,
die ihren Hund vor den Sommerferien
aussetzten», meint Herr Häberli.
Die andern nicken.

«Was geschieht jetzt mit dem armen Tier?»
fragt Daniela.

«Wir können es zu uns nehmen», ruft Anton.
«Ich wünsche mir schon lange einen Hund.
Ach Papi, bitte, bitte ...»

Aber Herr Weber, der Hausmeister,
lässt Anton gar nicht erst ausreden.
«In der Hausordnung steht deutsch und deutlich,
dass das Halten von Haustieren verboten ist»,
sagt er und geht davon.

Da stehen sie nun und reden alle durcheinander.
Sabrina setzt sich zum kleinen Hund auf den Boden
und streichelt ihn.

«Ich wüsste eine Lösung», sagt plötzlich Herr Lutz.

Sofort wird es still, denn Herr Erich Lutz
redet selten.
«Das Halten von Haustieren gilt nur für Tiere,
die immer bei ihrem Besitzer leben.
Wenn uns aber ein Tier besucht, ist das
etwas anderes.
Der kleine Hund ist unser Besuch.
Jeden Tag besucht er jemanden in unserem Haus.
Morgen, am Sonntag zum Beispiel, könnte ich
ihn übernehmen.»
«Und ich am Montag», ruft Cindy.
Jetzt melden sich alle.

Zuletzt ist der kleine Hund
für die nächsten sechs Tage versorgt.

*Möchtest du wissen,
wie die Geschichte weitergeht?
Du erhältst das Buch in der
Buchhandlung oder
in der Bibliothek. Viel Spass!*

*Esther Leist, Der 7-Tage-Hund,
Blaukreuz-Verlag, Bern 1994.*

# Mein Teddy

Teddy
Teddybär
Teddybärbett
Teddybärbettzeug
Teddybärbettzeugschrank
Teddybärbettzeugschranktür
Teddybärbettzeugschranktürschloss
Teddybärbettzeugschranktürschlossschlüssel

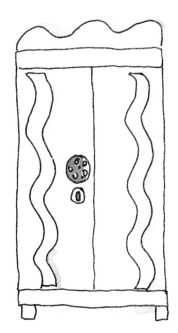

Mein Teddybär soll schlafen.
Da ist das Teddybärbett.
Aber wo ist das Teddybärbettzeug?
Das liegt im Teddybärbettzeugschrank.
Aber die Teddybärbettzeugschranktür ist zu.
Ich brauche einen Schlüssel für das
Teddybärbettzeugschranktürschloss.
Aber wo ist der Teddybärbettzeugschranktürschlossschlüssel?
Da hängt er ja!
Am Teddybärbettzeugschranktürschlossschlüsselhaken.

Nun mache ich rasch das ? auf,
dann die ? .
Ich hole das ? heraus.
Das lege ich in das ?
und meinen ? lege ich hinein.
Gute Nacht!

Siegfried Asmuth

# Der Hase und der Elefant

«Sag' nicht immer Kleiner zu mir!»
sagte der Hase zum Elefanten.
«Es war nicht bös' gemeint», sagte der Elefant.
«Bestimmt nicht?»
«Ehrenwort!»

«In Ordnung!» sagte der Hase.
«Dann wollen wir wieder Freunde sein! – Dicker, wie wär's?
Wollen wir spazierengehn?»

«Halt! Was hast du da eben gesagt? Dicker?»
«Na und!» rief der Hase. «Sei doch nicht gleich beleidigt!»

«Also gut», brummte der Elefant.
«Ich will nicht so sein. Gehen wir!»
«Du bist ein prima Kerl»,
sagte der Hase.

Und dann sind sie zusammen
in der Welt herumspaziert.
Schön war's.

Josef Guggenmos

## Stefan ist nicht mehr mein Freund

Julias Gesicht ist ganz rot, als sie
aus der Schule kommt.
Ich bin ja so wütend! ruft sie.

Was ist denn los? fragt die Mama.
Stefan ist gemein!
So gemein!

Warum denn?

Stefan hat mir versprochen,
dass ich heute
auf seinem neuen Rad fahren darf.
Und dann ...

Was dann?

... und dann hat er Sascha fahren lassen
und mich nicht!

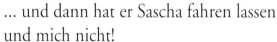

Nie wieder spiele ich mit Stefan!
Stefan ist nicht mehr mein Freund!

Und was ist mit morgen früh?
Wenn Stefan kommt
und dich zur Schule abholen will?
Soll ich ihn dann wegschicken?

Julia denkt nach – lange.

Nein, bis morgen – bis morgen
hab' ich es mir wieder überlegt.

Gudrun Spitta

# Schimpfeln

Sofie steht mitten auf dem Pausenplatz.
Die Kinder rennen um sie herum.
Sofie ist ganz rot im Gesicht.
Sie hat eine riesige Wut.
Katja und Oli wollen nicht
mit ihr spielen.
«Ihr blöden Affen!» schreit sie.
Sie schreit es immer wieder.

Frau Heinrich kommt auf sie zu.
Sofie ist es egal.
«Schimpf doch nicht so, Sofie»,
sagt Frau Heinrich.
«Das ist nicht schön.»
«Aber die lassen mich nicht mitspielen»,
schreit Sofie.
«Dann musst du mit ihnen reden.»
«Das tu' ich doch», sagt Sofie.
«Nein, du schreist und schimpfst.»
Sofie schaut Frau Heinrich nachdenklich an.
Auf einmal sagt sie ganz leise:
«Die blöden Affen! Die blöden Affen!»

Frau Heinrich schüttelt den Kopf.
«Dadurch wird es auch nicht besser.
Du schimpfst noch immer.»
Sofie schüttelt den Kopf.
«Nein, das ist geschimpfelt.
Weil es leise ist.»
Frau Heinrich lacht.
«Immer hast du Ausreden.»
Katja und Oli kommen angerannt.
Sie pusten und sind ganz ausser Atem.
«Da sind die beiden ja.
Jetzt musst du nicht mehr schimpfen»,
sagt Frau Heinrich.
«Aber vielleicht schimpfeln», sagt Sofie.

nach Peter Härtling

91

## Ein neuer Freund

«Mama, nebenan wohnt jetzt
ein Junge», sagt Tina beim Mittagessen.
«Er will mein Freund sein.»
«Er will dein Freund sein?»
fragt Mama.
«Ja», antwortet Tina.
Nach einer Weile sagt sie:
«Der Junge ist traurig,
weil seine Oma nicht hier wohnt.»
«Spricht er denn deutsch?» fragt Mama.
«Nein», sagt Tina. «Er hat es mir
mit der Flöte erzählt.»
«Wie heisst er denn?» fragt Mama.
«Das frage ich ihn morgen»,
antwortet Tina.

nach Hannelore Dierks

# Inhalt

## Quellenangaben

**Texte** S. 5 Kurt Meiers; S. 11 Rita Peter, Am liebsten trink' ich Apfelsaft, in: Auf dem Dach die Spatzen schwatzen, SJW Nr. 1649, vergriffen; S. 13 James Krüss, Die knipsverrückte Dorothee [Text gekürzt], in: Der wohltemperierte Leierkasten, C. Bertelsmann, München; S. 15 Wie Till Eulenspiegel einen Esel lesen lehrte [frei nach Erich Kästner], Atrium-Verlag, Zürich; S. 17 Till Eulenspiegel als Schneider [Volksgut]; S. 19 Kurt Meiers; S. 21 Josef Guggenmos, 51 Ostereier zum Anmalen [Text gekürzt], © Josef Guggenmos; S. 23 Ursula Wölfel, U,u, in: Das goldene ABC, K. Thienemanns Verlag, Stuttgart–Wien, © Ursula Wölfel; S. 27 Kurt Meiers; S. 29 Martin Auer, Ich hatte einen Traum, in: Hans-Joachim Gelberg (Hrsg.), Überall und neben dir, © 1986 Beltz Verlag, Weinheim und Basel, Programm Beltz & Gelberg (zit. Beltz Verlag); S. 40 nach: Jin Xuqi, Markus Kappeler, Der Grosse Panda, © 1986 Kinderbuch Verlag Luzern; S. 44 Josef Guggenmos, Schwimm, Schwan, schwimm, in: Oh, Verzeihung, sagte die Ameise, © 1990 Beltz Verlag; Josef Guggenmos, Zungenbrecher [Text leicht verändert], in: Das & Dies – Nimm und Lies, © 1980 Georg Bitter Verlag, Recklinghausen; S. 45 Spiegel-Gedicht, in: Das Sprachbastelbuch, J&V Edition Wien Dachs–Verlag; S. 46 Josef Guggenmos, Der feuerspeiende Berg, in: Das & Dies – Nimm und Lies, © 1980 Georg Bitter Verlag, Recklinghausen; S. 47 Paul Maar, Jaguar und Neinguar [Text verändert], in: Paul Maar, Dann wird es wohl das Nashorn sein, © 1988 Beltz Verlag; S. 48/49 Kurt Meiers nach Max Huwyler, X-Text, in: ABC-Büchlein mit Eselsohren, Wir eltern, Verlag pro juventute, Zürich; S. 53 Das ABC-Lied [Volksgut]; S. 54/55 Rätselreime, in: Rätsel und Spiele für das ganze Jahr, © 1993 Loewes Verlag, Bindlach; S. 56/57 nach: Maria Seidemann/Verena Ballhaus, Dein kleiner Drache, in: Der kleine Drache auf dem Berg, Arena Verlag, Würzburg; S. 62/63 Renate Welsh, Nina und der Sauhaufen, in: Nina sieht alles ganz anders, Ravensburger Buchverlag, Ravensburg, © Renate Welsh; S. 66 Rita Peter, Noch nicht gross, nicht mehr klein, in: Die Amseln und die Wolken, © 1983 Orell Füssli Verlag, Zürich; S. 67 Manfred Mai, Ich, in: Hans-Joachim Gelberg (Hrsg.), Überall und neben dir, © 1986 Beltz Verlag; S. 68 Wolfgang Rudelius, Klogedicht, in: Hans-Joachim Gelberg (Hrsg.), Überall und neben dir, © 1986 Beltz Verlag; S. 69 Angela Sommer-Bodenburg, Freche Verse [Überschrift hinzugefügt], in: Ich lieb dich trotzdem immer, © 1982 und 1987 Gertraud Middelhauve Verlag, München; S. 70/71 Hans Baumann, Am Graben (Text leicht verändert), in: Renate Portmann (Hrsg.), Mut tut gut!, 1994 Arena Verlag, Würzburg, © Elisabeth Baumann; S. 72/73 nach: Gabi Berger/Winfried Opgenoorth, Hänsel und Gretel im Mär-chenwald, in: Schnick Schnack Schabernack, © J& V Edition Wien Dachs-Verlag; S. 74 Im Märchenwald/Lösungen [Volksgut]; S. 75 Max Bolliger, Streichholz und Kerze [Text verändert], © Max Bolliger; S. 76 Laura Küffer, Was bringt der Frühling? [Kindertext]; S. 77 Ursula Wölfel, Apfelbäume [Überschrift hinzugefügt], in: 25 winzige Geschichten, © K. Thienemanns Verlag, Stuttgart-Wien; S. 78 Gerda Bächli, Traumschiffli, in: Zirkus Zottelbär, © Musikverlag Pan AG Zürich, pan 107; S. 81-85 Esther Leist, Der 7-Tage-Hund, © 1994 Blaukreuz–Verlag, Bern; S. 86 Siegfried Asmuth, Mein Teddy [Überschrift geändert], in: Allerlei Lesespass, Lese-Reihe für die Grundschule, © 1995 Ernst Klett Grundschulverlag, Leipzig; S. 87 Josef Guggenmos, Der Hase und der Elefant, in: Wer braucht tausend Schuhe, © Franz Schneider Verlag, München; S. 88/89 Gudrun Spitta, Stefan ist nicht mehr mein Freund [Text leicht verändert] in: Geschichten über Julia, Reihe "Lesehefte für die Grundschule, © 1985 Ernst Klett Schulbuchverlag, Stuttgart; S. 90/91 Peter Härtling, Schimpfeln [Text verändert], in: Sofie macht Geschichten, © 1988 Beltz Verlag; S. 92 Hannelore Dierks, Ein neuer Freund [Text verändert], in: Hannelore Dierks, Komm mit mir in mein Deckenhaus, Geschichten ab 3, © 1993 Patmos Verlag, Düsseldorf. Die nicht genannten Texte sind Originalbeiträge.

**Abbildungen und Fotos** S. 12 Fotos: Sacha Ineichen, Zürich; S. 14 Evi Juon nach: Mein Esel Benjamin, © Kinderbuchverlag Luzern; J. Banscherus, Besuch für Esel Jaja, © 1994 Benziger Edition im Arena Verlag, Würzburg; R. Schinkler/E. Schmid, Der Esel Napoleon, © Nord-Süd Verlag; C. Hol, Nikis Eselchen, © 1992 Nord-Süd Verlag; G. Scheidler/Bernadette, Ein Esel geht nach Bethlehem, © 1988 Nord-Süd Verlag; Janosch, Der Esel & die Eule, © 1986 Diogenes; S. 40/41 Fotos: Save-Bild, Augsburg (G. Schulz); S. 46 Foto: Keycolor, Zürich; S. 47 Illustrationen von Paul Maar, in: Dann wird es wohl das Nashorn sein, © 1988 Beltz Verlag; S. 59 Kinderzeichnung; S. 62 Evi Juon nach: M. Sendak, Wo die wilden Kerle wohnen, © Diogenes, Zürich; S. 64/65 Foto: Sacha Ineichen, Zürich; S. 66 Foto: Sacha Ineichen, Zürich; S. 67 Foto: Sacha Ineichen, Zürich; S.68/69 Foto: Sacha Ineichen, Zürich (Kinderzeichnung); S. 80 Evi Juon nach: Esther Leist, Der 7-Tage-Hund, Blaukreuz-Verlag, Bern; S. 81-85 Illustra-tionen von Esther Leist, in: Der 7-Tage-Hund; S. 87 Illustration von Erhard Dietl, in: Josef Guggenmoos, Wer braucht tausend Schuhe, © Franz Schneider Verlag, München; S. 88/89 Illustrationen von Gudrun Spitta, in: Geschichten über Julia, © 1995 Ernst Klett Schulbuchverlag, Stuttgart. Wir danken allen mitwirkenden Kindern.

**Das Buchstabenschloss**
Lesen- und Schreibenlernen im ersten Schuljahr

Herausgeber: Kurt Meiers

**Lesebuch**

Marianne Frey-Kocher (SO)
Heidi Hofstetter-Sprunger (TG)
Annemarie Klinger-Schorr (BE)
Kurt Meiers

Beratung:
Andrea Häfliger (ZG)
Marc Ingber (SG)
Vreni Lüthi (TG)
Basil Schader (ZH)
Annemarie Schneider-Plaz (SO)

Illustrationen, Gestaltung, Umschlag:
Evi Juon, Langnau a. A.

Redaktion: Karin Veit
Satz und Montage: Evi Juon
Gesamtherstellung: GU Print AG, Urdorf

Zum Unterrichtswerk «Das Buchstabenschloss»
empfehlen wir folgende Materialien:

| | |
|---|---|
| Arbeitsheft 1 mit Timi-Lesebüchlein | 3-264-83057-4 |
| Arbeitsheft 2 | 3-264-83058-2 |
| Handbuch mit Kopiervorlagen | 3-264-83059-0 |
| Lesebuch | 3-264-83060-4 |
| Buchstabenschlüssel | 3-264-83062-0 |
| (Anlauttafel als Wandposter) | |

LESLEY OR

ROSCHNELLER